보글보글 열 단어 한국사 라면

글 양화당

햇살 좋은 사무실에서 어린이책을 기획하고 집필하는 일을 하고 있습니다.
어린이들이 재미있게 읽으면서 마음의 양식으로 삼을 수 있는 따뜻하고
영양가 있는 책을 많이 쓰고 만드는 게 꿈이랍니다.
쓴 책으로 《K탐정의 척척척 대한민국》 시리즈, 《새콤달콤 열 단어 과학 캔디》
시리즈, 『신비아파트 공부 귀신 1. 발명품이 사라졌다』 등이 있습니다.

그림 김령언

그림을 그리는 시간이 제일 행복합니다. 할머니가 되어서도 그림을 그리면서
사는 것이 꿈입니다. 그린 책으로 『괜찮아 괜찮아 완벽하지 않아도 괜찮아!』,
『침 뱉으며 인사하는 나라는?』, 『사회는 쉽다! 8: 도시와 촌락』, 『월리 이야기』,
『역사가 보이는 별별 우리 떡』, 《마주 보는 세계사 교실》 시리즈 등이 있습니다.

감수 서울대학교 뿌리깊은 역사나무

역사 연구와 역사 교육의 성과를 널리 알리기 위해 서울대학교 역사교육과
김태웅 교수와 대학원생들이 만든 모임입니다. 학교 선생님, 학생 그리고
역사에 관심 있는 시민들과 더불어 오늘의 역사 교육 문제를 풀어 가고자
노력하고 있습니다.

보글보글 열 단어 한국사 라면_1 고조선·부여·삼한·고구려

초판 1쇄 발행 2024년 9월 9일 | 초판 4쇄 발행 2025년 8월 18일
글 양화당 | 그림 김령언 | 감수 서울대학교 뿌리깊은 역사나무
발행인 윤승현 | 편집장 안경숙 | 편집관리 윤정원 | 편집 이혜진, 금민선 | 디자인 알토란
마케팅 정지운, 박현아, 김지운, 황지영 | 제작 신홍섭
펴낸곳 (주)웅진씽크빅 | 주소 경기도 파주시 회동길 20 (우)10881
문의 전화 031)956-7440(편집), 031)956-7569, 7570(마케팅)
홈페이지 www.wjjunior.co.kr | 블로그 blog.naver.com/wj_junior | 인스타그램 @woongjin_junior
출판신고 1980년 3월 29일 제406-2007-00046호 | 제조국 대한민국 | 사용연령 7세 이상

글 ⓒ 양화당, 2024 | 그림 ⓒ 김령언, 2024
저작권자와 맺은 특약에 따라 검인을 생략합니다.

ISBN 978-89-01-27983-1, 978-89-01-27982-4(세트)

• 잘못 만들어진 책은 바꾸어 드립니다.
웅진주니어는 (주)웅진씽크빅의 유아·아동·청소년 도서 브랜드입니다. 저작권법에 의해 한국 내에서 보호를 받는 저작물이므로 무단 전재와 무단 복제를 금지하며,
이 책 내용의 전부 또는 일부를 이용하려면 반드시 저작권자와 (주)웅진씽크빅의 서면 동의를 받아야 합니다.

⚠ 주의 1. 책 모서리가 날카로워 다칠 수 있으니 사람을 향해 던지거나 떨어뜨리지 마십시오. 2. 보관 시 직사광선이나 습기 찬 곳은 피해 주십시오.

보글보글
열 단어 한국사 라면

1 고조선·부여·삼한·고구려

양화당 글 | 김령언 그림

웅진주니어

열 단어를 찾아서 Go, Go!

고조선

환웅	11
첫 나라	15
단군왕검	19
고인돌	23
바위그림	27
철기	31
위만	35
8조법	39
왕검성 전투	43
뿌리	47

부여·삼한

작은 나라	57
백의민족	61
윷놀이	65
영고	69
금와왕	73
올망졸망	77
솟대	81
저수지	85
덩이쇠	89
큰 나라	93

고구려

주몽	103
북쪽 나라	107
철옹성	111
정복왕	115
개마 무사	119
장수왕	123
온달 장군	127
살수 대첩	131
안시성	135
벽화 무덤	139

환웅

하늘을 다스리던 환인의 아들이야.
환웅은 무엇을 좋아했을까?

1 하늘 번지 점프	2 인간 세상 구경

3 보드게임	4 배낭여행

 **2 인간 세상 구경**

인간 세상에 관심이 많았던 환웅의 이야기를 들어 볼래?

"아버지, 땅에 내려가 인간을 돕고 싶습니다!"

"네 뜻대로 하여라!"

청동 검
청동 거울
청동 방울
신하

환웅은 청동 검, 청동 거울, 청동 방울 등 세 가지 보물과 3천 명이 넘는 신하를 데리고 태백산 신단수로 내려왔어. 환웅은 본격적으로 인간을 돕기 시작했지. 환웅 덕분에 인간들은 살기 좋아졌어.

"인간들을 괴롭히는 짐승들아, 덤벼라!"

"농사를 가르쳐 주시는 환웅 님 최고!"

| 인간 돕기 1 | 인간 돕기 2 |

2. 아이를 갖고 싶어서

얼마 뒤, 환웅과 웅녀 사이에서 씩씩한 아들이 태어났지.
이 아들이 바로 우리 민족 첫 조상인 단군이야.

신화에 따르면 기원전 2333년 단군은 마침내 큰 뜻을 펼쳐 나라를 세웠어.
바로 우리 민족 첫 나라가 나타난 거야.

첫 나라

우리 민족의 첫 나라는 고조선이야.
고조선은 무슨 뜻일까?

1 '고'씨들이 우대받는 나라	2 고조할아버지들만 사는 나라

3 옛날에 있었던 조선이라는 나라	4 아주 높은 곳에 있는 나라
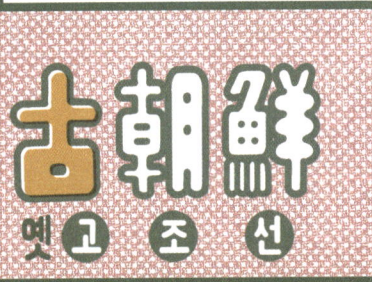	

3 옛날에 있었던 조선이라는 나라

고 조 선

나라 이름을 고조선이라고 지은 까닭이 뭐죠?

원래 이름은 조선이오. 나중에 사람들이 이성계가 세운 조선과 구별하려고 고조선이라고 부른 겁니다.

아하! 그럼 조선은 무슨 뜻인가요?

'아침의 나라'라는 뜻입니다. 아침 해가 환하게 떠오르듯 항상 희망이 가득한 나라가 되기를 바라는 마음을 담았지요.

1 아사달

아사달의 위치는 어디였을까?

사실 아사달의 위치는 정확하지 않아.

평양 부근이라고도 하고, 중국의 랴오닝성 부근이라고도 해.

하지만 중국의 랴오닝성 부근일 가능성이 높아.

난 아사달에서 세력을 키워 크고 힘센 고조선을 만들어 갔어.

단군왕검

단군과 왕검을 합한 말로, 단군의 다른 이름이야.
왜 이렇게 지었을까?

1 하는 일이 두 가지라서	2 사실은 쌍둥이라서

3 이름이 길면 멋져 보여서	4 심심할 때마다 바꿔 부르려고

1 하는 일이 두 가지라서

제사장의 일을 할 때는 단군으로, 임금의 일을 할 때는 왕검으로 불렸지.
오늘은 하늘에 제사 지내는 날.
단군왕검은 소중하게 보관해 둔 청동 거울과 청동 방울을 꺼내
제사 지내는 곳으로 갔어.

제사를 마치고 잠시 쉬는데, 한 신하가 달려왔어.
"왕검 님, 적들이 쳐들어오고 있습니다."
단군왕검은 급히 날카로운 청동 검을 찾아 들었어.

곡식을 빼앗으러 오나 봐요.

나는 조선의 임금. 나를 따르라!

적들이 도망가는데?

청동 검을 휘두르는 왕검 님을 보고 겁을 먹었나 보군.

왕검

오늘도 단군왕검은 제사장과 임금 역할을 둘 다 하느라 정신없는 하루를 보냈어.

단군은 고조선을 몇 년이나 다스렸을까?
① 100년   ② 1,500년   ③ 3천 년

 **2** 1,500년

신화에 따르면 단군은 1,500년 동안 고조선을 다스리고,
1908세에 임금의 자리에서 물러나 아사달의 산신이 되었대.

단군은 정말 그렇게 오래 살았을까?
사실 단군은 한 사람의 이름이 아니라, 지배자를 부르는 호칭이야.

시간이 흐르면서 단군이란 호칭은 '왕'으로 바뀌었어.

고인돌

고조선 때 돌로 만든 건축물이야.
정체가 뭘까?

1 밥상	2 무덤

3 돌침대	4 화장실

 ## 2 무덤

아주 먼 옛날 강화도에서 마을을 다스리던 족장이 죽었어.
사람들은 족장을 기리기 위해 고인돌을 만들기로 했어.
고인돌은 넓적한 돌 아래에 큰 돌을 고여서 만든 무덤이지.

무덤에 사용하는 돌은 어른 수백 명이 끌어야 할 정도로 컸어.
마을 사람들은 통나무를 받치고 줄로 묶어서 큰 돌을 옮겼어.

고인돌 만드는 과정

1 먼저 땅을 파서 받침돌을 세웠어.

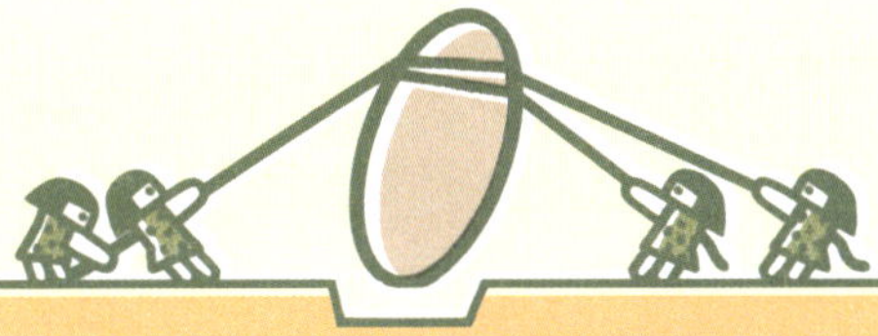

2 받침돌 두 개를 세운 뒤, 흙으로 덮었어.

3 통나무를 받치고 덮개돌을 끌어 올려 받침돌 위에 놓았어.

4 흙을 치우고 받침돌 사이에 족장을 묻었어.

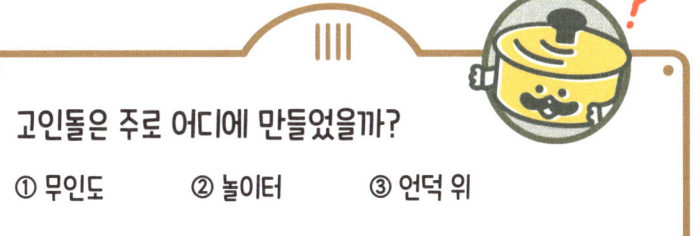

고인돌은 주로 어디에 만들었을까?
① 무인도　　② 놀이터　　③ 언덕 위

3 언덕 위

고인돌은 마을이 잘 내려다보이고,
하늘과 가까운 언덕 위에 만들었어.
이렇게 만들어진 고인돌은 개수도 많고 모양도 다양했어.

> 덮개돌에 별자리를 새기고 별을 관측해 농사 절기를 알아냈지.

> 높은 받침돌로 고인 탁자 모양 고인돌

> 낮은 받침돌로 고인 바둑판 모양 고인돌

> 여기엔 땅속에 무덤 방이 있어.

고조선에는 이처럼 거대한 고인돌을 만들 만큼
힘센 우두머리가 다스리던 큰 마을이 곳곳에 있었지.

바위그림

 울산 반구대에는 바위그림이 있어.
여기에 가장 많이 그려진 동물은 뭘까?

1 거대 바퀴벌레
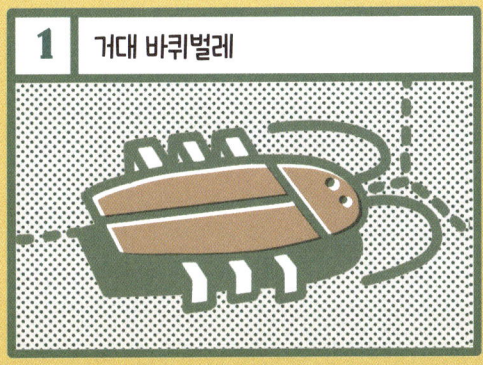

2 바다에 사는 고래

3 인어 공주와 인어 왕자

4 각종 바이러스

 **2 바다에 사는 고래**

작살이의 고래잡이

반구대 바위그림에 수십 마리의 고래가 새겨진 사연을 들어 볼래?
울산 반구대 근처 바닷가에 사는 작살이는 고래마을 최고의 어부야.
마을 앞바다에는 향유고래, 귀신고래, 긴수염고래 등 고래가 종류별로 가득하지.
작살이는 마을 사람들과 함께 기다란 나무배를 타고 고래를 잡으러 떠났어.

> 작살아, 오늘 고래잡이 자신 있지?

> 그럼요. 어제 고래 꿈도 꾸었다고요!

멀리 가마우지가 날아다녀.
드디어 고래가 있는 곳을 찾았어.
작살이가 맨 앞에 서서 고래를 향해
작살을 던졌어.

으악! 작살이에게 당하다니!

작살을 맞은 고래가 요동을 쳤어.
모두 죽을힘을 다해 밧줄을 붙들고 버텼지.
마침내 고래가 숨이 멎자 고래를 끌기 시작했어.
영차, 영차! 모두 힘을 합쳐 고래를 잡아 마을로 돌아왔어.
마을 사람들은 행복한 마음으로 고래 고기를 나누었어.

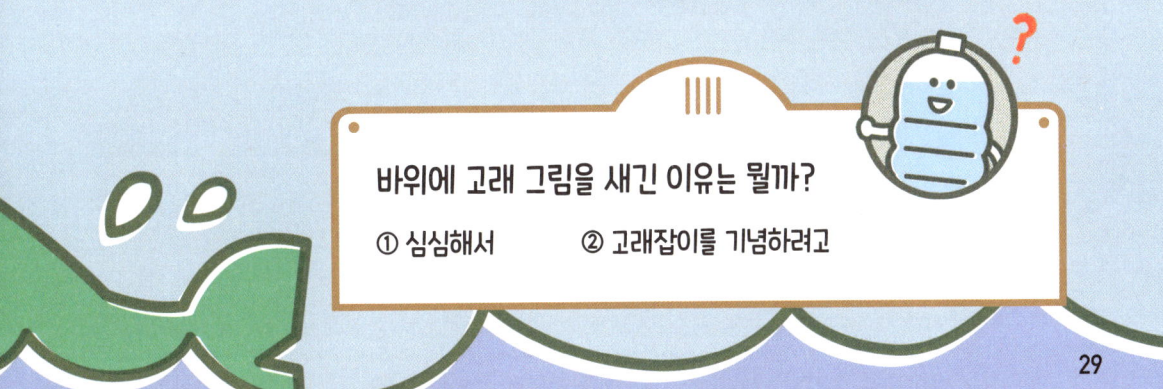

다음 날 작살이와 마을 사람들은 커다란 바위에 고래 그림을 새겼어.

바위에 고래 그림을 새긴 이유는 뭘까?
① 심심해서   ② 고래잡이를 기념하려고

 ## 2 고래잡이를 기념하려고

작살이와 마을 사람들은 고래잡이가 성공한 것을
기념하려고 바위그림을 새겼어.
앞으로 고래잡이가 더 잘되게 해 달라고 기도도 했을 거야.

바닷가와 달리 육지에 사는 사람들은
대부분 농사를 지었어.
고조선 사람들의 밥상을 구경해 볼까?

기장, 콩, 팥, 조, 쌀 같은 곡식으로
죽이나 밥을 지어 먹었어.

채소를 소금에 절여 '침채'를
만들었는데, 이게 김치의 시작이야.

곡물 죽 **떡** **침채** **된장**

가루 낸 곡식을 시루에 얹어
떡도 쪄 먹었어.

콩으로 된장을 담그고,
간장도 만들었어.

철기

 고조선 사람들은 철로 물건을 만들기 시작했어.
왜 철로 만들었을까?

1 외계인이 돌을 싹쓸이해 가서

2 옆에 두면 예뻐진다고 해서

3 철이 단단해서

4 철드는 데 특효약이라

 ### 3 철이 단단해서

겨울이 끝나 가던 어느 날

중국에서 귀한 물건이 왔다기에, 아버지를 따라 구경 갔다.
막대기 끝에 거무죽죽한 것이 달려 있었다.

> 이게 바로 철로 만든 농기구랍니다. 철은 청동보다 단단하고, 돌보다 날카롭고. 정말 대단한 녀석이지요.

농기구 파는 아저씨가 신이 나서 떠들었다.
아버지는 가져간 곡식을 다 안겨 주고
괭이를 샀다.

봄볕이 따뜻한 날

"허허, 철 괭이가 정말 단단한걸. 땅을 깊이 팔 수 있어."
"아버지, 씨앗을 깊게 심으면 싹도 잘 트겠네요?"
"암, 그렇지."
옆집 아저씨가 우리 집 철 괭이를 자꾸 훔쳐보신다.

가을바람이 불던 날

작년보다 콩이랑 쌀을 훨씬 많이 거둬들였다.
아버지 얼굴엔 웃음꽃이 피고, 옆집 아저씨 얼굴엔 그늘이 졌다.
철 괭이 하나를 바꿨을 뿐인데, 곡식이 늘어 부자가 됐다.

고조선에는 농기구 말고 어떤 철기가 더 있었을까?
① 철로 만든 피자   ② 철로 만든 휴지   ③ 철로 만든 창

3 철로 만든 창

고조선의 임금은 나라의 힘을 기르기 위해 중국 연나라에서 철로 만든 농기구와 창을 들여왔어. 그런데 연나라가 갑자기 고조선을 공격했어. 임금은 비상 회의를 소집했지.

당장 연나라와 싸웁시다! 우리도 무기가 있잖아요!

안 됩니다! 연나라는 철로 만든 무기가 우리보다 훨씬 많고 강해요.

임금은 분했지만, 어쩔 수 없이 연나라를 피해 남쪽의 평양 부근으로 도읍을 옮겼어. 그곳이 왕검성이야.

철 만드는 기술을 배워 더 힘을 길러야지. 다음엔 꼭 맞서 싸울 거야!

위만

 연나라에서 고조선으로 온 사람이야.
위만은 고조선에 올 때 어떤 차림을 하고 왔을까?

1 고글과 스키복

2 공주 드레스

3 누더기 옷

4 상투 머리에 한복

4 상투 머리에 한복

위만은 연나라 장군이었어. 연나라가 망하자, 1천 명이나 되는 사람들을 이끌고 준왕이 다스리던 고조선으로 왔지.

"고조선에서 살게 해 주세요!"

"오케이! 그대에게 '박사' 벼슬을 주지."

"위만이 상투 머리에 한복을 입었네?"

"중국 땅에 살던 고조선 사람인가 봐!"

위만은 중국과의 국경 지역을 잘 다스려, 백성들의 인기를 얻었어.

"위만 박사 덕분에 살기 좋아졌어."

그러자 위만은 딴생각이 들었어. 고조선의 임금도 될 수 있을 것 같았지.

"준왕을 어떻게 몰아내지?"

위만은 준왕에게 거짓 편지를 보냈어.

위만은 자신을 믿고 궁궐 문을 활짝 열어 준 준왕을 쫓아냈어.

임금이 된 위만은 연나라에서 함께 온 철기 기술자에게 무기를 많이 만들게 했어. 이 무기로 주변의 작은 나라들을 정복해 고조선의 땅을 크게 넓혔어.

위만은 중계 무역도 했어. 중계 무역이 뭘까?

① 홈 쇼핑　　② 물건을 사서 되파는 것　　③ 스님이 장사하는 것

2 물건을 사서 되파는 것

위만은 중국 물건을 사서 주변 나라에 비싸게 팔고,
주변 나라 물건을 가져와 중국에 팔아 많은 이익을 챙겼지.
이게 바로 중계 무역이야.
고조선은 중계 무역으로 점점 부유해지고 강해졌어.

8조법

고조선 사람들이 꼭 지켜야 하는 법이야.
왜 8조법이라고 부를까?

1 재판관이 여덟 명이라서

2 법 조항이 여덟 개라서

3 팔조새가 전해 준 법이라서

4 재판정이 팔각형 건물이라서

2. 법 조항이 여덟 개라서

8조법은 모두 여덟 조항인데, 지금은 세 조항만 전해 와. 고조선의 임금은 이 법으로 넓은 땅의 백성들을 다스렸어.

8조법을 살펴보면, 고조선에서는 사람의 생명을 소중히 여겼다는 것을 알 수 있어. 또한 고조선 사람들에게 농사가 아주 중요한 일이라는 것도 알 수 있지. 사람을 다치게 해 일을 못 하게 하면 큰 죄가 되었거든. 그럼 재판을 구경하러 가 볼까?

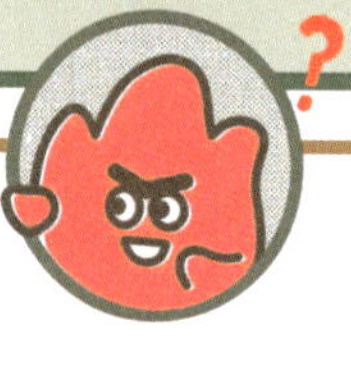

도둑질한 사람이 용서를 받으려면 어떻게 해야 할까?
① 벌금을 낸다.   ② 인삼을 준다.   ③ 반성문을 쓴다.

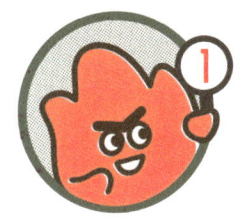 **벌금을 낸다.**

남의 재산을 훔친 사람은 그 사람의 노비가 되어
일을 해서 갚거나 벌금을 내게 했어.

이처럼 고조선은 매우 엄격한 8조법으로 사회 질서를 유지했어.

왕검성 전투

위만의 손자 우거왕 때 왕검성에서 일어난 전투야.
어느 나라와 싸운 걸까?

1 지옥 나라 	**2** 한나라 
3 두 나라 	**4** 감 나라 배 나라 

아홉

2 한나라

우거왕은 고조선을 강한 나라로 키웠어. 그랬더니 중국 한나라 임금이 고조선을 경계하며, 사신 섭하를 우거왕에게 보냈어.
"앞으로 한나라를 섬기시오."

우거왕은 말도 안 된다며 섭하를 돌려보냈어.
그러자 섭하가 배웅하는 고조선 장군을 죽이고 도망가 버린 거야.

한나라 임금은 이런 섭하에게 큰 벼슬을 내렸어. 화가 난 우거왕은 군사를 보내 섭하를 죽여 버렸지.

"고조선을 공격하라!"

육군 5만 명
수군 7천 명
한나라
고조선 왕검성

한나라 임금은 "옳다구나!" 하며 고조선을 공격했어.
육지로 바다로 군대를 보내 도읍인 왕검성을 포위했어.
겁이 난 신하들이 항복하자며 우거왕을 설득했어.

우거왕은 어떻게 했을까?
① "항복 반대!"라고 외쳤다.　　② 신하들을 간지럽혔다.

1 "항복 반대!"라고 외쳤다.

우거왕이 항복하지 않자 신하들이 우거왕을 죽여 버렸어.
하지만 성기 장군과 백성들은 끝까지 싸웠어.

나는 왕자요. 그냥 항복합시다!

임금이 없어도 우리는 싸운다!

싸우자!

항복 안 해!

낙랑

임금 없이 전쟁에서 승리하기는 어려웠어.
기원전 108년, 고조선은 멸망하고 말았어.
한나라는 고조선 일대에 낙랑 등 네 개의 군을 설치하고 고조선을 간섭했어.
그러나 4군은 얼마 지나지 않아 사라졌지.
고조선 땅에 새로운 나라가 들어섰거든.

뿌리

 고조선은 우리 역사의 뿌리야.
왜 뿌리라고 할까?

1 머리가 아니라서

2 우리나라의 첫 나라라서

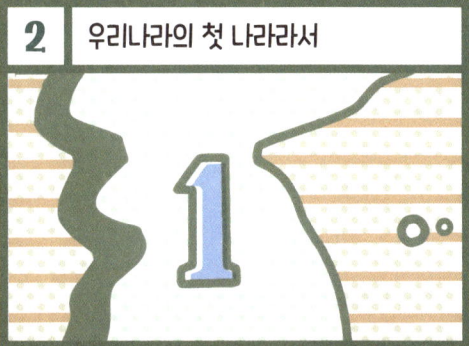

3 뿌리 식물을 먹고 살아서

4 땅속으로 사라진 나라라서

2 우리나라의 첫 나라라서

고조선은 우리 민족이 세운 첫 나라로, 우리 역사의 뿌리야. 강화도 마니산에는 단군이 하늘에 제사를 지내던 참성단이 남아 있지.

기특하구나!

고조선 뒤에 세워진 나라들도 참성단에서 제사를 지내고 단군을 기렸어.

단군이시여! 올해도 풍년 들게 해 주셔서 감사합니다.

지금도 전국 체육 대회 등 나라에 중요한 행사가 있을 때 참성단에서 불씨를 가져와 성화를 밝혀.

우리 민족은 힘들 때마다 단군을 중심으로 힘을 모으기도 했어. 몽골이 침입했을 때에는 단군 이야기를 실은 『삼국유사』를 편찬해 백성들에게 용기를 주었어.

일본에 나라를 잃었을 때에는
단군을 섬기는 종교를 만들어 일본에 저항했지.

우리는 단군의 자손! 일본에 지지 않아.

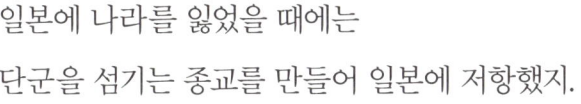

고조선을 세운 날도 국경일로 정했어. 무슨 날일까?
① 석가 탄신일　　② 광복절　　③ 개천절

 ## 3 개천절

개천절은 '하늘을 연 날'이란 뜻으로, 10월 3일이야. 이날은 단군이 고조선을 세운 날이란 말도 있고, 환웅이 하늘에서 내려온 날이란 말도 있어.

엄청 특별한 날이지?
그래서 이날을 국경일로 정하고,
나라에서 축하하는 큰 행사를 열어.
고조선의 정신과 문화는 수천 년이 지난
지금까지도 쭉 이어져 오고 있어.

신나는 요리시간

먼저 빈칸에 고조선 열 단어를 적어 봐!

○○은 태백산 신단수에 내려와 인간을 도왔어.

단군이 아사달에 ○○○ 고조선을 세웠지.

단군을 단 군 ○○ 이라고도 불러.

우두머리가 죽으면, 큰 돌을 괸 무덤인 ○○○을 만들었지.

울산 반구대에 고래 모습을 새긴 ○○○○이 남아 있어.

철 괭이처럼 단단한 ○○를 쓰자, 농사짓기 쉬워졌어.

○○은 고조선의 땅을 크게 넓힌 임금이야.

고조선은 ○○법 덕분에 사회 질서가 잘 정리되었어.

○○○ 전 투 에서 한나라에 진 뒤 고조선은 멸망했어.

우리 역사의 ○○인 고조선을 기념해 개천절을 국경일로 정했어.

정답: 환웅, 첫 나라, 단군왕검, 고인돌, 바위그림, 철기, 위만, 8조법, 왕검성 전투, 뿌리

작은 나라

 고조선이 멸망할 즈음 주변에는 작은 나라가 많았어.
그곳에 있던 나라가 아닌 것은?

1 부여

2 옥저

3 동예

4 수저

4 수저

기원전 108년쯤,
한반도와 그 북쪽 지역에 있던
작은 나라의 사람들을
만나 볼까?

부여

고구려

우리 산 위에
성을 짓고
나라를 세웠어.

고조선

대동강

고조선이 멸망한 뒤,
한나라가 여기에 낙랑, 진번, 임둔,
대방 등 네 개의 군을 설치했어.

여긴 따뜻하고 평야가
많아 살기 좋아. 그래서인지 작은
나라가 많이 생겼어. 이 나라들을
다 합쳐서 삼한이라고 불러.

우리 부여는 고조선 다음으로 세워진 나라야. 북쪽 지방이라서 날씨가 무척 추워.

백두산 ▲

땅이 기름져서 농사가 잘돼. 여자는 어릴 때 신랑네 집으로 미리 가서 살다가 어른이 되면 결혼식을 올려. 신기하지?

옥저

사시사철 해산물이 풍부해. 가을걷이가 끝나는 10월이면 하늘에 제사 지내는 무천 축제가 열려. 한번 놀러 와.

동예

한강

작은 나라들은 연맹체로 이루어졌어. 연맹체가 뭘까?
① 맹한 사람들이 사는 나라   ② 여러 부족이 함께 세운 나라

삼한

ㄹ. 여러 부족이 함께 세운 나라

연맹체는 여러 부족이 연합해서 세운 나라야.

이 나라들은 대부분 임금이 없고, 임금이 있어도 힘이 약했어.

지금의 나라와는 많이 달랐지.

백의민족

 부여 사람들이 흰옷을 즐겨 입어 생긴 말이야.
부여를 세운 임금은 누굴까?

1 머리카락이 새하얀 백발 왕

2 알에서 태어난 동명왕

3 흰옷을 잘 만드는 재봉 왕

4 흰 가운이 잘 어울리는 의사 왕

# 2 알에서 태어난 동명왕

동명왕 이야기

북쪽 지방의 탁리라는 나라에서 임금의 시녀가 아기를 갖게 되었어.

"어, 하늘의 기운이 몸으로 들어오는 것 같네?"

시간이 지나 시녀는 알을 낳았어. 임금은 불길하다며 가축 우리에 버리라고 했지.

"아니, 돼지와 말이 알을 돌보네."
"알을 시녀에게 돌려주어라."

얼마 뒤, 알에서 아기가 태어났어. 임금은 동명이라고 이름을 지어 주었어.

동명

잘 자라 어른이 된 동명이 용맹하고 활도 잘 쏘자, 임금은 불안해졌어.

"동명이 임금 자리를 빼앗으려고 하면 어쩌지?"

"동명을 죽여라!"

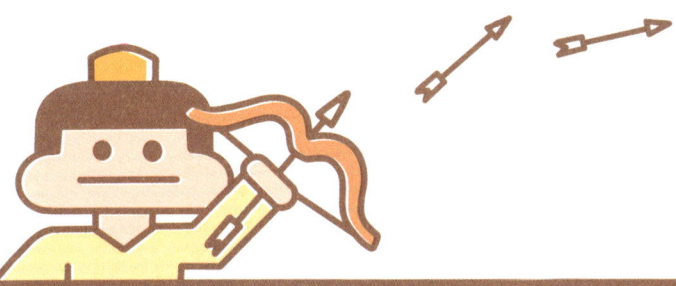

이를 눈치챈 동명은 남쪽으로 도망치다가 엄호수라는 강에 이르렀어.

저는 하늘의 자손입니다. 저를 도와주소서!

갑자기 강물 위로 물고기와 자라가 떠올라 다리를 만들어 주었어.

와, 살았다!

목숨을 건진 동명은 쑹화강 유역에 나라를 세웠어.

산속에 이런 너른 들판이 있다니, 여기에 나라를 세우자.

이 나라가 부여야. 부여 사람들은 염색하지 않은 흰옷을 즐겨 입었어.

부여

부여 사람들은 무엇을 해서 먹고살았을까?

① 가축을 길렀다.   ② 골프장을 열었다.

1 가축을 길렀다.

쑹화강 유역은 날씨가 추워서 농사짓기 어려웠어.
그 대신 소, 돼지, 말 등 가축을 잘 길러 생계를 이었지.
특히 부여 말은 튼튼하고 잘 달려서
주변 나라에서 사 갈 정도였어.
또 부여 사람들은 사냥도 잘하고 용맹했어.
그래서 주변 나라들이 함부로 하지 못했지.

윷놀이

 부여에서 유래한 전통 놀이야.
윷놀이의 도, 개, 걸, 윷은 무엇을 나타낼까?

1 도레미파 음표 이름

2 부여에서 키운 가축 이름

3 동서남북 방향 이름

4 빨주노초 색깔 이름

2 부여에서 키운 가축 이름

부여에서는 가축 키우는 일을 아주 중요하게 생각해서 임금과 네 부족이 다섯 가축을 나누어 길렀어.
부족의 대표도 가장 높은 벼슬인 '가'에 돼지, 개, 소, 말 등 가축 이름을 붙여 '저가', '구가', '우가', '마가'라고 불렀지.

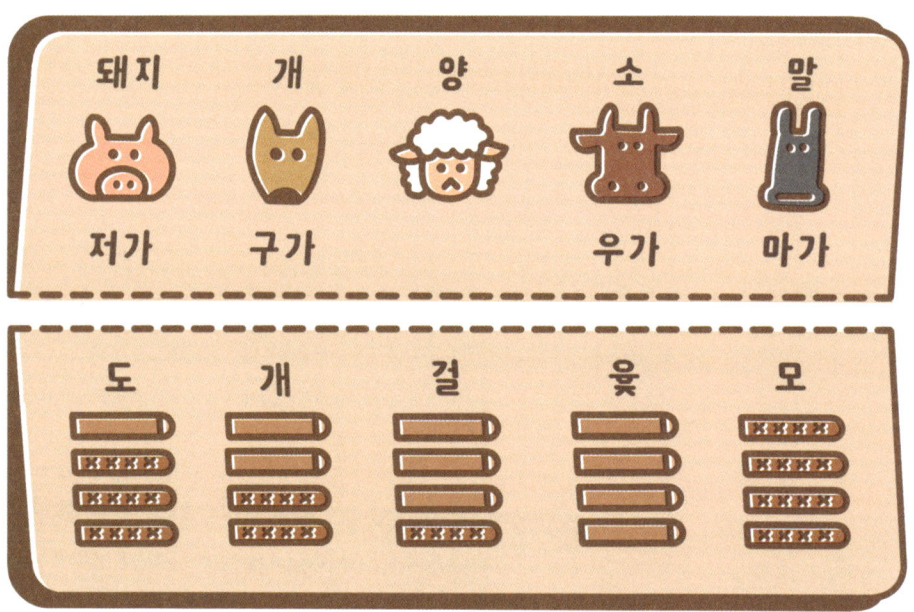

윷놀이는 윷을 던져 노는 놀이인데, 이때 쓰이는 '도, 개, 걸, 윷, 모'도 가축 이름이 변해서 만들어진 말이야.

임금이나 높은 사람이 죽으면 부하나 노비는 어떻게 되었을까?
① 다른 높은 사람을 찾아간다.　　② 함께 죽는다.

 **2 함께 죽는다.**

부여에서는 죽은 뒤에도 주인을 지키고 돌볼 사람이 필요하다고 생각했어. 그래서 부하나 노비를 함께 묻었는데, 이걸 '순장'이라고 해. 어떤 임금이 죽었을 때는 100명이 넘는 사람이 산 채로 함께 묻힌 일도 있었대.

"죽어서도 임금을 지켜야 하다니!"

"난 죽기 싫어!"

"죽어서도 빨래를 하라고?"

"도망가자!"

무덤에는 죽은 사람이 평소에 사용하던 물건과 귀중품도 넣었어. 부여 사람들은 죽은 뒤에도 삶이 계속 이어진다고 믿었기 때문이지.

영고

부여에서 열렸던 축제야.
일 년 중 언제 열렸을까?

1 아무 때나	2 제일 더운 날

3 임금의 생일날	4 눈 오는 12월

4 눈 오는 12월

12월이 되면, 눈에 갇힌 동물을 사냥하며 부여의 축제, 영고가 시작돼! 임금이 직접 잡은 사냥물을 제물로 올리고 하늘에 제사를 지내고 나면, 다섯 부족이 모두 모여 축제를 즐기지. 축제 때는 무얼 했는지 살펴볼까?

소를 잡아 발굽으로 운을 점치기

함께 음식을 나눠 먹기

금와왕

 부여의 유명한 임금이야.
어떤 임금일까?

1 모든 걸 금으로 변하게 하는 마술 왕

2 "보석 나와라, 뚝딱!" 외치는 도깨비 왕

3 맨날 누워만 있는 게으름뱅이 왕

4 개구리를 닮은 특별한 왕

4 개구리를 닮은 특별한 왕

금와왕의 탄생

부여의 해부루왕이 자식을 낳게 해 달라는 기도를 마치고 돌아오는 길이었어. 곤연이라는 연못에 도착했는데, 말이 큰 돌 앞에 서서 꼼짝도 하지 않았지.

돌을 치웠더니, 찬란한 금빛을 내며 아이가 웃고 있지 뭐야. 해부루왕은 아이 이름을 '금빛 나는 개구리'란 뜻으로 '금와'라고 지었어.

"말 타며 활 쏘는 기술을 고구려가 가르쳐 달라고 했다며?"

"부여 말은 크고 날쌔니까 군사용 말로 사용해야겠어."

"말타기 훈련 시작!"

금와는 해부루왕의 뒤를 이어 임금이 되었어. 금와를 비롯한 부여의 임금들은 넓은 들판에서 키운 말을 군사용 말로 훈련시켜 다른 나라의 침입에 대비했어.

부 여 의 기 병 짱 멋 져 요 !

부여는 말을 탄 기병대 덕분에 더욱 강해졌어.

부여는 거슬리는 나라가 딱 하나 있었어. 그 나라가 어딜까?

① 머리아파나라 ② 고구려 ③ 나만최고나라

2 고구려

산이 많은 지역에 자리 잡은 고구려가 들판이 넓은 부여를 자주 넘봤어. 처음에는 부여의 군대가 고구려를 쉽게 물리쳤어.

하지만 시간이 흐를수록 고구려는 힘이 점점 세지고, 부여는 힘이 점점 약해졌어.

부여는 임금의 힘이 약해서 제가들을 강력하게 다스리지 못했고, 고구려는 강한 임금을 중심으로 똘똘 뭉쳐 싸웠지.
결국 부여는 고구려에 지고, 넓은 부여 땅은 고구려 땅이 되었어.

올망졸망

 남쪽의 작은 나라인 삼한의 모습이야.
왜 올망졸망일까?

1 쫄딱 망한 사람들만 살아서

2 크고 작은 나라가 아주 많아서

3 어린아이들만 사는 나라여서

4 말끝마다 '망' 자를 붙여서

어제 뭐 했망?

놀았망!

2 크고 작은 나라가 아주 많아서

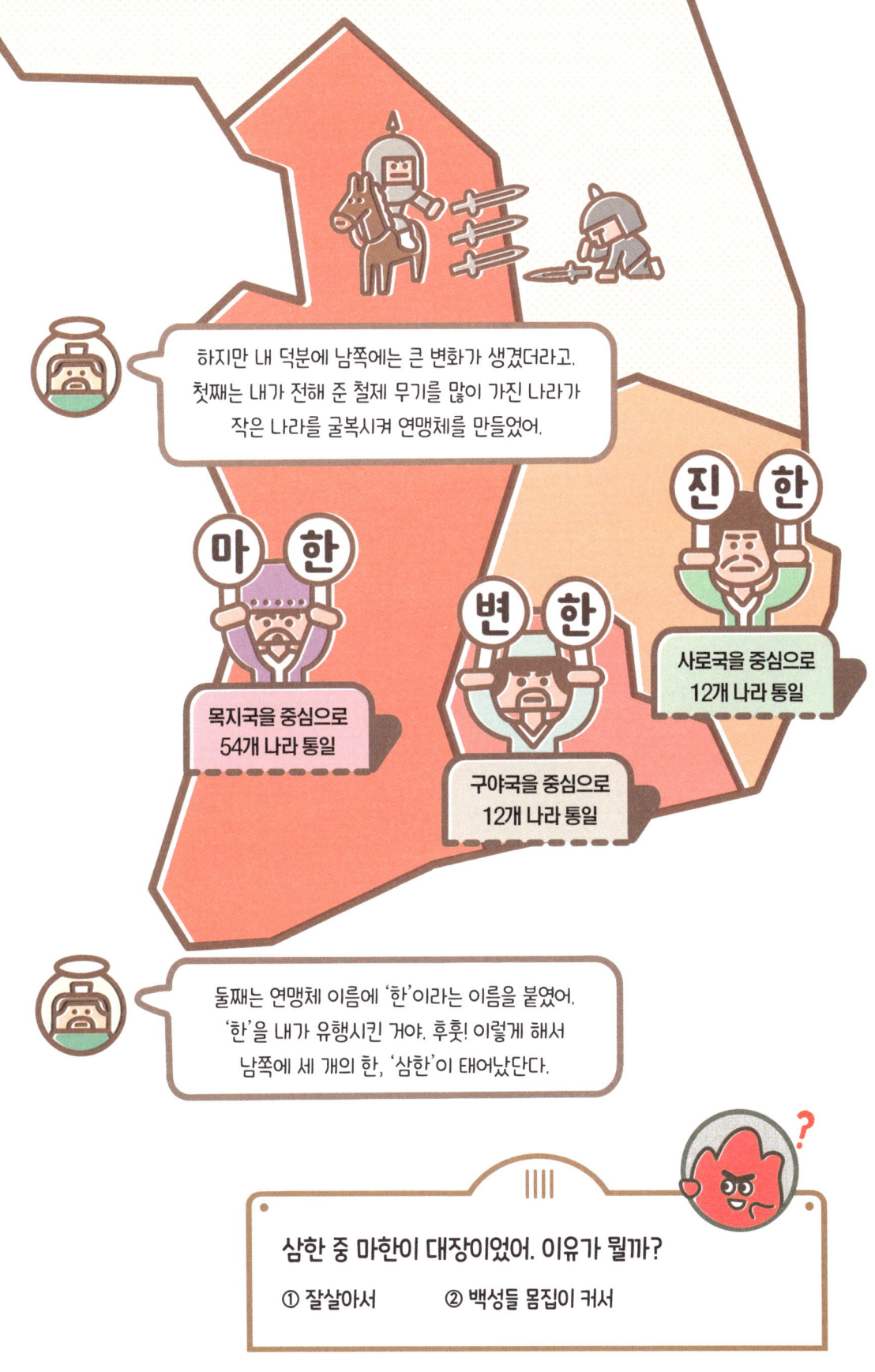

1 잘살아서

마한은 넓고 평평한 땅이 많아
농사를 많이 지었고,
중국과 가까워 무역도
많이 해 잘살았지.
힘이 세진 마한은 변한과
진한을 간섭하기 시작했어.

마한의 대표인 목지국의 임금이
진한의 우두머리 자리에
마한 출신을 앉히기도 했지.

목지국의 대표인
나만 임금이야.

너희는 임금이란
말 쓰지 마!

목지국의 임금은 마한뿐만 아니라
삼한의 대표가 되었어.

오잉?

솟대

 솟은 막대라는 뜻으로, 새 모양을 얹은 기둥이야.
어디에 있었을까?

1 장대높이뛰기 연습장

2 물이 가득 찬 우물

3 UFO가 나타난 숲

4 신성한 마을의 입구

ㄹ 잡아가지 못한다.

삼한에서는 나라를 다스리는 일과 제사를 지내는 일이 엄격하게 나뉘어 있었어.

"난 제사만 지낼게."

"난 나라만 다스릴게."

그래서 나라를 다스리는 임금이나 군장은 천군이 다스리는 소도에 들어가거나 소도의 일에 간섭하면 안 됐어. 그렇다 보니, 죄지은 사람이 소도에 들어가도 잡아갈 수 없었던 거야.

"나 잡아 봐라, 메롱!"

부들부들   부들부들

삼한의 백성들은 힘들고 어려운 일이 생길 때마다 특별하고 신성한 소도를 찾아와 빌며 위안을 받았단다.

저수지

삼한에는 물을 가두어 둔 저수지가 있었어.
물을 왜 가두었을까?

1 임금 전용 수영장으로 사용하려고	2 농사에 쓰려고

3 고래 수족관을 만들려고	4 공중목욕탕이 필요해서

2. 농사에 쓰려고

삼한 사람들은 드넓은 평야에서 농사를 지었어. 농사에는 물이 많이 필요해서, 가뭄이 들면 그해 농사를 망치기 일쑤였어. 그래서 저수지를 만들 계획을 세웠지.

영차, 영차. 저수지를 만들자!

저수지, 벽골제를 세우자!

- **만드는 까닭**: 가뭄이 들어도 물 걱정 없이 농사짓기 위해서
- **만들 곳**: 김제평야
- **만드는 방법**: 둑을 쌓아서 하천의 물을 가두기! 둑은 통나무, 진흙, 나뭇잎, 나뭇가지를 교대로 넣고 다져서 완성!

물이 풍부하니 농작물도 잘 자라네!

하하하하!

저수지 최고!

길이 약 3킬로미터, 높이 4미터가 넘는 거대한 둑을 만들고,
둑 안에 물을 가득 채웠더니 저수지가 완성됐어.
물을 내보내는 수문도 다섯 개나 있었지. 드디어 수문 개방!
미리 파 놓은 수로를 따라 물이 콸콸 흘러갔어.

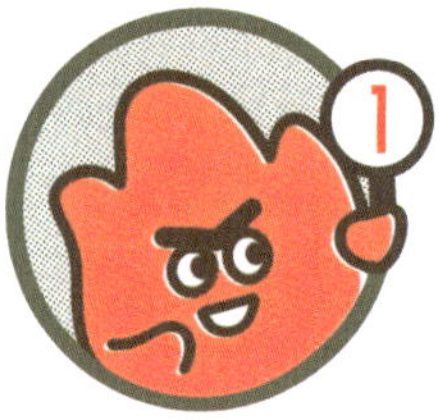

1 벼농사

씨뿌리기도 함께!

벼농사를 지으려면 물도 많이 필요하지만, 일손도 아주 많이 필요했어. 그래서 마을 사람들이 모여 힘든 일을 함께했어.

김매기도 함께!

추수도 함께!

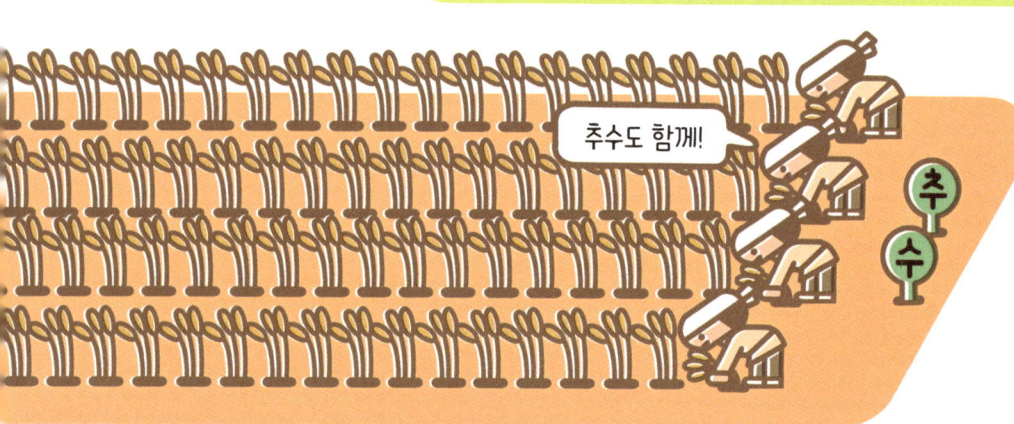

일이 끝나면 맛난 음식을 먹으며
노래를 부르고 춤추며 즐거움을 나누었지.
이 풍습이 바로 두레야.
저수지와 두레 덕분에 삼한의 농사는 크게 발달했어.

덩이쇠

 변한에서 만든 길쭉한 모양의 철 덩어리야.
어디에 쓰는 걸까?

1 지붕 덮을 때

2 갑옷 만들 때

3 로봇 만들 때

4 탱크 만들 때

2 갑옷 만들 때

베테랑 장인의
#덩이쇠 제작 강의

철기 만드는 재료인 덩이쇠 만드는 법, 오늘 제가 확실하게 알려 드릴게요!

철 녹이기

철광석과 숯을 넣고 불을 붙이면 철이 녹아 쇳물이 됩니다.

이때 풀무질을 열심히 해서 바람을 불어 넣는 게 핵심! 그래야 온도를 높여 좋은 철을 만들 수 있죠.

모양 만들기

쇳물을 덩이쇠 거푸집에 부어 모양을 만듭니다.

거푸집 모양을 잘 만드는 게 핵심! 모양이 조금씩 다르지만, 허리가 잘록한 형태가 인기가 많죠.

다듬기

거푸집에서 덩이쇠를 꺼낸 뒤,
지저분한 부분을 곱게 갈아 줍니다.

덩이쇠를 매끈하게 다듬는 게 핵심!
사소한 부분도 꼼꼼히 챙겨야
나처럼 장인 소리를 들을 수 있어요.

덩이쇠 완성!

이게 바로 최신 발명품
'덩이쇠'입니다.

쇳물을 덩어리로 굳힌 거라서
이런 이름이 붙었지요.
요놈으로 갑옷도 만들 수 있어요.

덩이쇠가 있으면 어떤 점이 좋을까?
① 철기를 쉽게 만들 수 있다. ② 병에 안 걸린다.

1 철기를 쉽게 만들 수 있다.

덩이쇠가 있으면 필요할 때 바로 녹여서 갑옷이나 칼 같은 철기를
쉽게 만들 수 있었어. 또 철광석이 없는 주변 나라에 팔 수도 있었지.

변한 사람들은 철기뿐만 아니라 그릇을 만드는 기술도 좋았어.
예전에는 손으로 주물러 만들어서 그릇이 삐뚤삐뚤한 경우가 많았어.
하지만 돌림판 위에 흙을 올리고 빙글빙글 돌리며 만들자,
둥글고 아름다운 토기가 만들어졌어.

큰 나라

 삼한이 큰 나라로 변했어.
큰 나라는 어떤 나라일까?

1 거인들이 사는 나라	2 목소리가 큰 나라

3 통 큰 사람만 사는 나라	4 강한 임금이 있는 나라

4 강한 임금이 있는 나라

삼한인 마한, 진한, 변한은 작은 나라들이 모인 연맹체였어. 그러다 강한 임금이 나타나면서 연맹체가 변하기 시작했어. 어떻게 변했는지 볼래?

마한은 백제로!

백제국은 한강 유역에 자리 잡고 있던 마한의 작은 나라였어. 이 백제국이 힘을 키워 주변으로 땅을 넓혀 갔어. 그러더니 강한 임금인 근초고왕이 나타나 목지국을 누르고 마한의 여러 나라를 통일했어. 그리고 큰 나라 백제가 되었어.

 **2 다른 나라로 이어졌다.**

백제와 신라가 연달아 들어서자
변한은 두 개의 큰 나라 사이에 끼인 꼴이 되었어.

변한의 작은 나라들은 하나로 합치는 대신
더 강한 연맹체를 만들었어.
이 나라의 이름이 바로 '가야'야.

이렇게 해서 한반도에 있던 수많은 작은 나라가 합쳐져서
고구려, 백제, 신라, 가야 등 네 개의 큰 나라가 되었어.

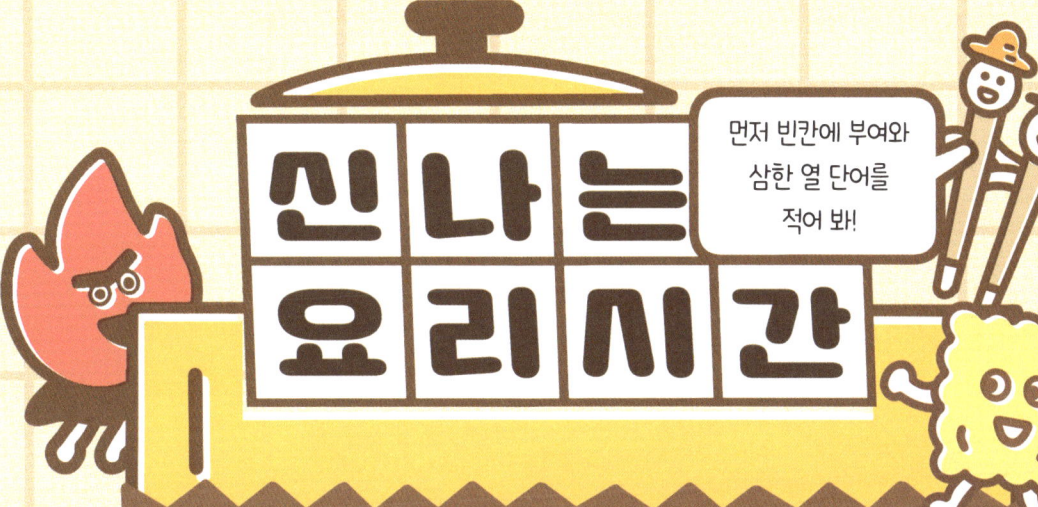

신나는 요리시간

먼저 빈칸에 부여와 삼한 열 단어를 적어 봐!

고조선이 멸망할 즈음 ⭕⭕ 나 라 가 많이 생겼어.

그중 부여 사람들을 ⭕⭕ 민 족 이라고 불렀어.

⭕⭕⭕는 부여에서 유래한 전통 놀이야.

부여에서는 해마다 12월에 ⭕⭕라는 축제가 열렸어.

⭕⭕⭕은 금빛 개구리를 닮았다는 부여의 임금이야.

남쪽에 있던 ⭕ 망 ⭕ 망 한 78개 나라는 삼한이 되었지.

소도 입구에 세운 긴 기둥은 ⭕⭕라고 불러.

삼한 사람들이 ⭕⭕⭕를 처음 만들어 농사에 사용했어.

변한에서는 질 좋은 철광석으로 ⭕⭕⭕를 만들었어.

작은 나라가 ⭕ ⭕ ⭕ 인 고구려, 백제, 신라, 가야가 되었어.

정답: 작은 나라, 백의민족, 윷놀이, 영고, 금와왕, 올망졸망, 솟대, 저수지, 덩이쇠, 큰 나라

열 단어는 어디에 있지?

저기 엄청 빠르게 날아가는 게 보여.

주몽

고구려를 세운 사람이야.
주몽의 아주 특별한 능력은 뭘까?

1 소리 질러 유리 깨기	2 100보 앞의 반지를 활로 맞히기

3 방귀로 촛불 끄기	4 누워서 떡 먹기

2. 100보 앞의 반지를 활로 맞히기

주몽이란 이름은 부여 말로 '활 잘 쏘는 사람'이란 뜻이야.
주몽은 태어날 때부터 아주 특별했어.

주몽 가계도
- 할아버지는 하늘의 신
- 외할아버지는 물의 신
- 아버지는 해모수
- 어머니는 유화

알에서 나온 이 아이가 바로 주몽이야.

주몽이 자란 곳은 부여야.
집에서 쫓겨난 어머니를 부여의 금와왕이 돌봐 줬거든.
주몽은 어릴 때부터 재능이 남달랐어.
일곱 살에 활과 화살을 만들고, 활도 잘 쏘았지.
금와왕의 일곱 아들은 이런 주몽을 시기했어.
심지어 주몽을 죽이려고 계획까지 세웠지.
주몽은 이 사실을 알고 몰래 달아났어.
그런데 금와왕의 아들들이 쫓아오지 뭐야.

하늘의 신과 물의 신이시여!
다리를 만들어 주소서!

주 몽 게 섰 거 라 !

주몽 앞에 어떤 일이 벌어졌을까?
① 강물이 사라져 땅이 보였다.   ② 물고기와 자라가 다리를 만들었다.

2 물고기와 자라가 다리를 만들었다.

외할아버지인 물의 신이 보낸 걸까?
물고기와 자라가 물 위로 떠올라 다리를 만들었어.
주몽은 무사히 강을 건너 부여를 떠났어.
그리고 졸본이란 곳으로 가 새로운 나라를 세웠어.

새 나라의 이름은 고구려다!

졸본의 지배자였던 연타발이 주몽을 도와줬지.
주몽은 연타발의 딸 소서노와 결혼도 했어.
그때가 기원전 37년이었어.

주몽 임금 만세!

고구려 만세!

북쪽 나라

 고구려가 있던 곳은 한반도의 북쪽이야.
그곳은 어떤 곳일까?

1 사람보다 북극곰이 많은 곳

2 높은 산이 많은 곳

3 북이 많은 곳

4 복이 많은 곳

ㄹ 높은 산이 많은 곳

고구려의 첫 번째 도읍인 졸본은 압록강 위쪽에 있었어.
이곳은 북쪽이라 춥고, 높은 산도 많았어.

고구려란 이름은 '높은 고을'이란 뜻이야.

으익! 나, 얼음 될 것 같아.

주몽의 뒤를 이은 유리왕 때에는 도읍을 국내성으로 옮겼어. 이곳도 산이 많았지.

졸본 → 국내성

압록강

2 한나라

한나라는 고조선을 물리친 뒤로 4군을 설치하고
우리나라 땅에 남아 있다가, 고구려에 쫓겨났어.
한나라는 다시 힘을 길러 고구려를 넘봤어.
하지만 고구려는 만만한 나라가 아니었지.

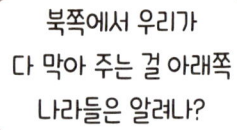

"북쪽에서 우리가 다 막아 주는 걸 아래쪽 나라들은 알려나?"

"어딜 감히! 한나라 따위에 지지 않아."

이처럼 고구려는 한반도 북쪽에서 중국 세력을 막아 주는 든든한 방패 역할을 했어.

철옹성

 고구려를 철옹성 같다고 했어.
철옹성은 무슨 뜻일까?

1 철철 매력이 넘친다는 뜻

2 웅성웅성 시끄럽다는 뜻

3 철 따라 옷을 갈아입는다는 뜻

4 철로 만든 그릇처럼 튼튼하다는 뜻

2 오녀산성

오녀산성은 첫 번째 도읍 졸본에 처음 만든 것으로 여겨지는 산성이야.
오녀산성에 얽힌 이야기를 들어 볼래?

"산꼭대기가 평평해졌어. 사람이 머물기에 딱 맞군."

"산기슭이 수직으로 깎여 적군이 올라오지 못하겠는걸."

아주 먼 옛날 고구려 마을에 눈부신 오색구름이 다가왔어. 오색구름은 산꼭대기를 포옥 감쌌어. 구름 속에서는 뚝딱뚝딱 일하는 소리가 들렸지. 며칠이 지나 구름이 걷히자 산 위에 커다란 성이 세워져 있지 뭐야. 마치 하늘 신이 주몽을 위해 지어 준 성처럼 너무 멋졌어. 이 성이 바로 고구려 철옹성의 시작, 오녀산성이야.

정복왕

 고구려의 정복왕은 광개토 대왕이야.
왜 정복왕이라고 부를까?

1 수만 권의 책을 정복해서 	**2** 넓은 땅을 정복해서 
3 가장 높은 산을 정복해서 	**4** 바둑 대회를 모두 정복해서 

2 넓은 땅을 정복해서

거란

내가 바로 정복왕! 고구려의 힘을 보여 주겠다!

391년에 임금이 된 광개토 대왕은 동서남북으로 땅을 넓혔어. 북쪽의 거란과 말갈을 고구려 편으로 만들고, 후연을 공격해 요동 지방 대부분을 차지했어.

후연

우리 한나라가 망한 뒤 생긴 나라야.

고구려 무서워.

남쪽에서 고구려를 위협하는 백제를 공격해 위례성 주변의 수십 개 성을 빼앗았어.

고구려 임금이 우리를 치러 오고 있다고?

3 커다란 비석

광개토 대왕릉 가까이에 있는 비석에 광개토 대왕이 땅을 넓힌 이야기가 적혀 있어서 고구려가 커다란 제국이었음을 알 수 있지.

'국강상광개토경평안호태왕'이란, 국강상에 묻힌, 땅을 넓히고 나라를 평안하게 한 큰 임금이란 뜻이야. 이 긴 이름을 줄여서 광개토 대왕이라고 부르는 거야.

광개토 대왕의 정식 이름이 엄청 길어.

우아, 높이가 6.4미터야. 아파트 3층도 넘겠어.

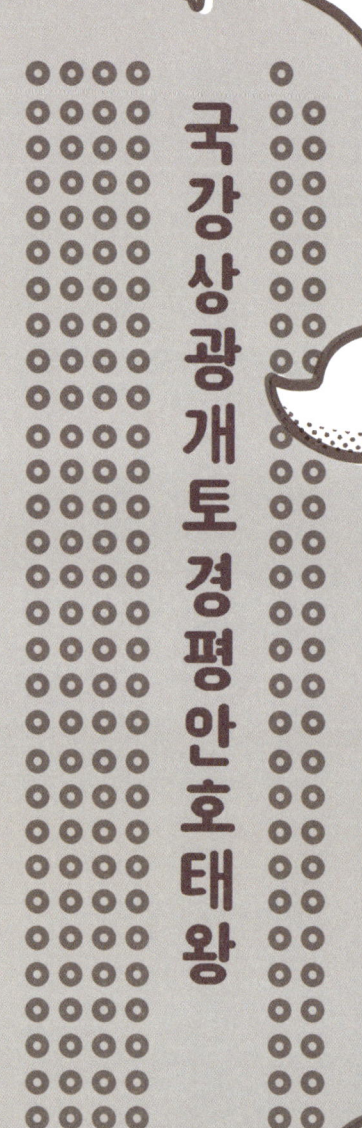

국강상광개토경평안호태왕

개마 무사

고구려의 천하무적 기병을 부르는 말이야.
개마 무사는 무슨 뜻일까?

1 개 타고 달리는 군사

2 갑옷을 입힌 말을 탄 군사

3 소 타고 달리는 군사

4 개미도 벌벌 떠는 군사

2 갑옷을 입힌 말을 탄 군사

고구려의 개마 무사는 철갑 기병이라고도 해.

온몸을 철로 만든 갑옷으로 두르고 갑옷을 입힌 말을 탔어.

그 뒤를 궁사, 보병, 경보병이 긴 대열을 이루고 따랐어.

광개토 대왕이 다스리던 22년 동안, 고구려가 넓은 땅을 차지할 수 있었던 건 개마 무사를 포함한 막강한 군사력을 갖췄기 때문이야.

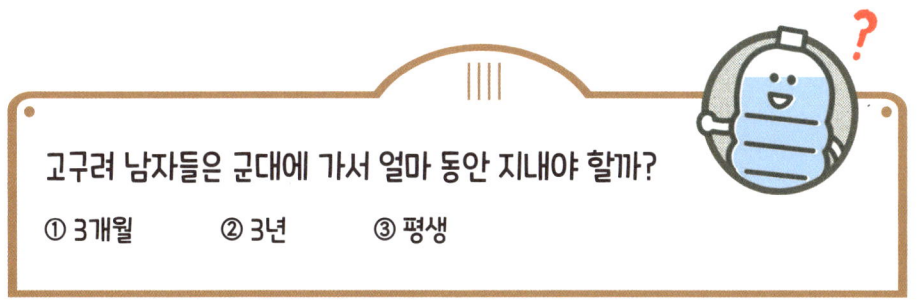

고구려 남자들은 군대에 가서 얼마 동안 지내야 할까?
① 3개월   ② 3년   ③ 평생

 3년

대략 3년이지만, 전쟁이 길어지면 3년을 훌쩍 넘기기도 했어.
전쟁이 없을 땐 산자락에 있는 보루에서 생활했어. 이곳은 성보다는 작은데, 대략 100여 명의 군사가 머물렀지.

이처럼 전쟁이 없을 때도 준비를 철저하게 한 덕분에
고구려는 누구도 넘볼 수 없는 강한 나라가 되었어.

장수왕

 장수왕은 평양으로 도읍을 옮겼어.
평양은 국내성의 어느 쪽에 있었을까?

1 동쪽	2 서쪽

3 남쪽	4 북쪽

 ### 3 남쪽

고구려 도읍 이사 플랜

- **옮겨야 하는 까닭**
400여 년 동안 도읍이었던 국내성은 사람이 많아져서 좁고 물자가 부족함.

- **옮길 곳**
대동강이 흐르는 평양

- **평양이 좋은 까닭**
1. 국내성에 비해 남쪽이라 따뜻함.
2. 대동강과 넓은 평야가 있어 풍부한 곡식을 얻을 수 있음.
3. 대동강에서 서해로 나가 중국을 오가기 쉬움.

"결정했어. 평양으로 이사 가자!"

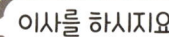

"이사를 하시지요."

427년, 장수왕은 국내성에서 평양으로 도읍을 옮겼어. 높은 산에는 단단한 대성산성을 세우고, 넓은 평지에는 임금이 사는 궁전 안학궁을 지었어.

산성 둘레가 7킬로미터가 넘고, 우물이 170여 개나 있는 아주 큰 산성이야.

대성산성

안학궁 주변에는 관청, 귀족과 평민들이 사는 집을 지어 도읍의 모습을 갖췄지.

안학궁

평화로운 시기에는 이곳에서 살아.

적군이 몰려오면 산성으로 피해.

장수왕은 그다음에 무슨 일을 했을까?
① 백제 무너뜨리기　　② 미모 가꾸기

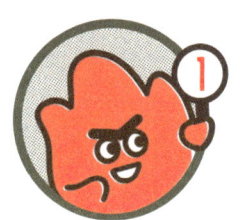

1 백제 무너뜨리기

평양에서 새 시대를 맞이한 장수왕은
남쪽에 있는 백제를 무너뜨릴 계획을 세웠어.
백제의 개로왕이 바둑을 좋아한다는
사실을 알고 도림이라는 첩자를 보냈지.

백제는 개로왕이 도림의 꾐에
빠져 낭비하느라, 나라의 힘이
점점 약해졌어. 이 틈을 타
장수왕은 백제를 공격해
손쉽게 한강 유역을 차지했어.
장수왕은 고구려에서 가장 넓은 땅을
차지한 임금이 되었어.

온달 장군

 고구려의 용맹한 장군이야.
온달 장군은 특별한 사람과 결혼했어. 누굴까?

1 엄지 공주	2 생강 공주

3 평강 공주	4 오렌지 공주

3 평강 공주

평원왕의 딸인 평강 공주는 어릴 적 울보였어.
울 때마다 평원왕은 이렇게 말했지.

시집갈 나이가 되자, 평강 공주는 평원왕에게 말했어.

평강 공주가 고집을 꺾지 않자, 평원왕은 평강 공주를 궁궐에서 내쫓았어.

평강 공주는 그길로 온달을 찾아가 결혼했어.
그리고 온달이 훌륭한 사람이 되도록 도왔어.

마침내 온달은 사냥 대회에서
일 등을 해 고구려의 장수가 되었어.
북쪽에서 북주가 쳐들어오자,
전쟁터로 달려 나가 큰 공도 세웠어.

그때 고구려 땅을 야금야금 빼앗는 나라가 있었어. 어딜까?
① 신라   ② 용궁   ③ 구라

 ## 1 신라

신라가 고구려를 공격해
장수왕 때 차지했던
한강 유역을 빼앗아 갔어.
온달 장군은 군대를 이끌고
신라로 향했어.

그런데 한창 싸우던 중 온달 장군이
신라군이 쏜 화살에 맞아 죽고 말았어.
살아서 한 약속을 지키려는 듯, 온달 장군의 관은
아차산성 앞에 멈춰 서서 움직이지 않았어.
그때 평강 공주가 와서 관을 어루만졌어.

고구려는 그 뒤로도 신라에 빼앗긴 땅을 찾지 못했어.
신라는 점점 강해지고, 고구려는 점점 약해졌거든.

살수 대첩

 살수 대첩은 수나라와 싸워 이긴 전투야.
이때 활약한 장군은 누굴까?

1 강가에서 나고 자란 살수 장군

2 지혜가 뛰어난 을지문덕 장군

3 얼굴이 대접만 한 대접 장군

4 이름도 얼굴도 모르는 고구려 장군

2 지혜가 뛰어난 을지문덕 장군

을지문덕 장군이 중국 수나라를 이긴 전략을 알아볼까?

612년, 수나라 임금 양제가 대군을 이끌고 고구려에 쳐들어왔어.

하지만 예상과 달리 고구려 요동성에 막혀 앞으로 나아갈 수 없었어.
양제는 별동대 30만 명을 먼저 평양성으로 보냈어.
평양성은 을지문덕 장군이 지키고 있었지.

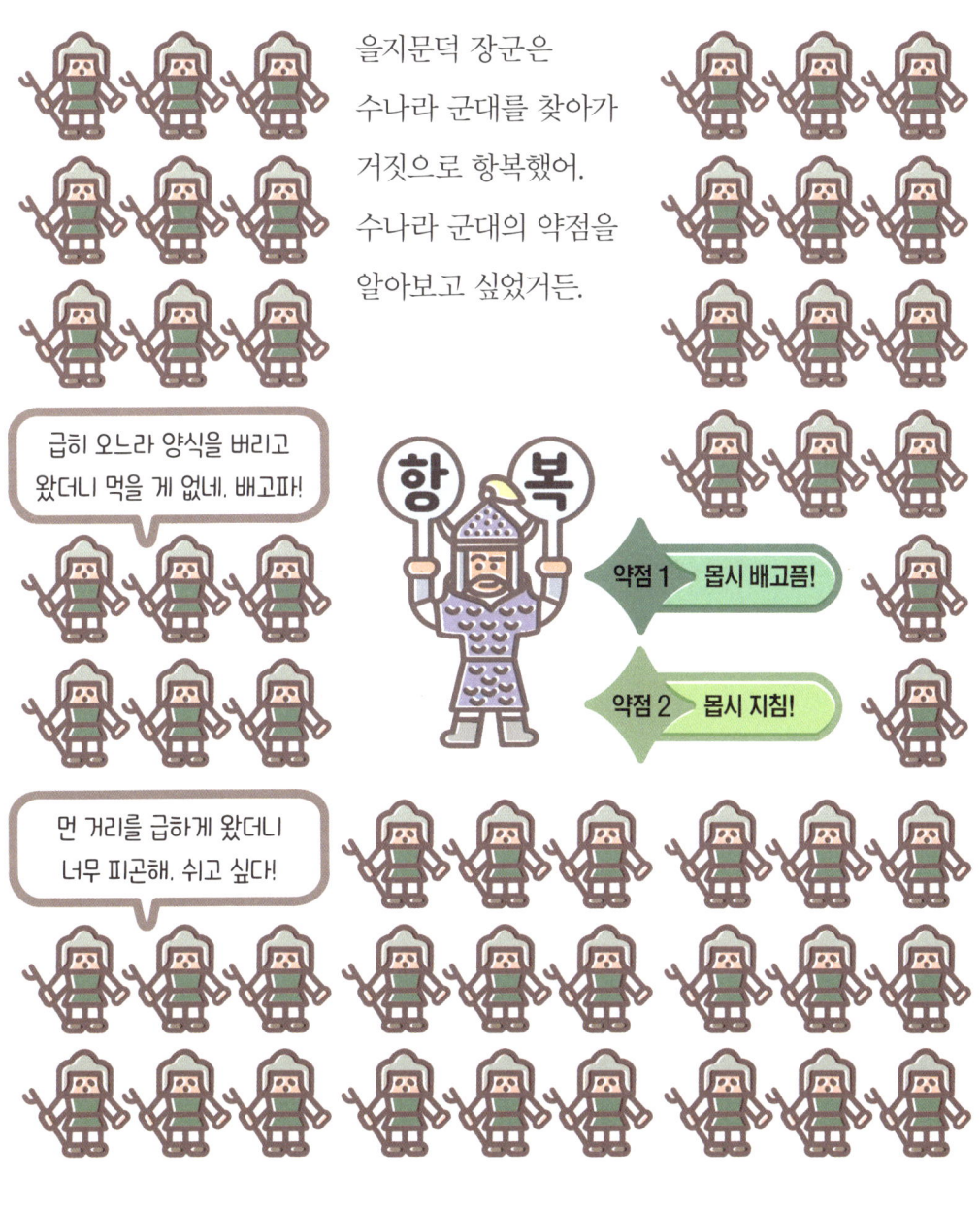

 ## ㄹ 이리저리 끌고 다녀 지치게 한다.

을지문덕 장군은 돌아와 작전을 세워서 수나라 군대를 공격했어.

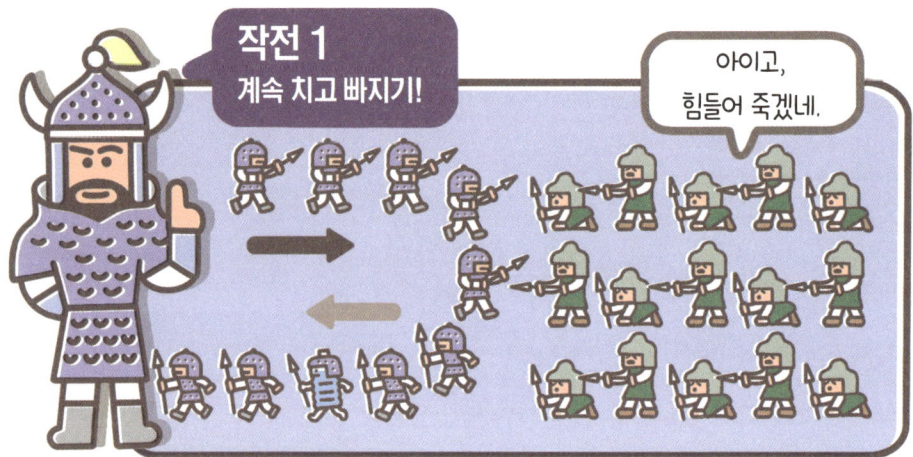

처음엔 싸우는 척하다 도망가며 수나라 군대를 이리저리 끌고 다녔어.

어떤 날은 일곱 번이나 도망갔어. 양제는 지친 나머지 수나라로 돌아가기로 했지.

수나라 군대가 살수(청천강)에 도착했어. 군대가 절반쯤
강을 건너는 순간 을지문덕 장군이 총공격을 명령했어.
결국 수나라 별동대 30만 명 중에서 겨우 2,700명만 살아서 도망갔지.

안시성

당나라의 침략을 물리친 성이야.
당나라는 어떤 나라일까?

1 당나귀를 많이 키우는 나라

2 당근 요리가 유명한 나라

3 수나라 다음으로 세워진 나라

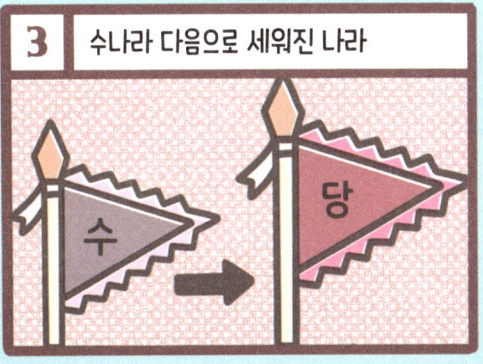

4 '당'씨가 세운 나라

당나귀 당씨요!

3 수나라 다음으로 세워진 나라

당나라는 수나라가 망한 뒤 이연이라는 사람이 세운 나라야.
이연의 아들 태종도 수많은 군대를 이끌고 고구려를 공격했어.
태종은 그럴듯한 구실도 내세웠어.

고구려의 연개소문이 감히 임금을 죽이고 권력을 잡았다며? 그런 신하는 혼내 줘야 해!

흥, 고구려 일을 너희가 왜 간섭하고 난리!

태종은 수나라 군대가 넘지 못했던
요동성을 정복하고, 작은 산성인 안시성에 도착했어.

이런 코딱지만 한 성은 우습지. 얼른 쓸어버리고 평양성으로 가자!

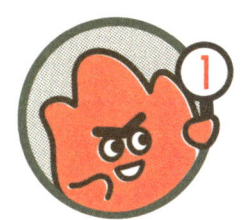
① 높은 흙산을 쌓아서 공격하기

당나라 태종은 60일에 걸쳐 안시성 성벽보다 높은 흙산을 쌓았어.

그런데 갑자기 거센 비가 내려 흙산이 허물어지기 시작했어.

그 틈을 타 안시성 성주는 흙산을 차지해 당나라 군대를 물리쳤지.

하지만 고구려는 연이어 전쟁을 치르느라 나라의 힘이 많이 약해졌어. 결국 신라와 당나라 연합군에 멸망하고 말았어.

열

벽화 무덤

 벽화가 그려진 고구려 무덤이야.
무덤 속 그림 중에 삼족오는 뭘까?

1 발이 세 개 달린 오징어

2 발이 세 개 달린 까마귀

3 발가락 모양으로 생긴 인삼

4 족발이 들어간 고구려 요리

둘째. 동서남북 방향을 지키는 신령한 동물 신도 그렸어. 이걸 사신도라고 하지.

나는 북쪽을 지키는 현무야. 거북이랑 뱀을 닮았지.

나는 동쪽을 지키는 파란 용, 청룡이야.

난 서쪽을 지키는 하얀 호랑이, 백호야.

난 남쪽을 지키는 붉은 새, 주작이지.

무덤 속 벽화에는 또 어떤 그림이 있을까?

① 고구려 사람이 그린 세계 지도 ② 고구려 사람이 춤추고 노는 모습

141

ㄹ 고구려 사람이 춤추고 노는 모습

셋째. 고구려 사람들이 춤추고 놀이하는 생활 모습을 그렸어.

유행하는 옷차림이야. 점무늬 패션이 최고!

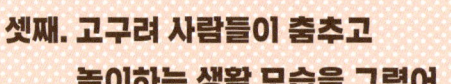

말 타고 사냥하면 신이 나.

힘자랑하고 싶을 땐 씨름이지. 우린 놀면서 몸도 단련해.

이처럼 고구려 사람들의 용맹한 모습은 벽화 무덤을 통해 오늘까지 전해 오고 있어.

좀 멋진데?

먼저 빈칸에 고구려 열 단어를 적어 봐!

고구려를 세운 사람은 알에서 태어난 ◯◯이야.
고구려는 한반도의 ◯◯에 있는 나라지.
고구려는 성이 많고 튼튼해서 ◯◯◯이라고 불렸어.
광개토 대왕은 땅을 크게 넓힌 ◯◯◯이야.
철갑을 두른 ◯◯무사가 나타나면, 모두가 벌벌 떨었지.
◯◯◯은 국내성에서 평양으로 도읍을 옮겼어.
평강 공주와 결혼한 ◯◯ ◯◯은 신라군과 싸우다 죽었어.
을지문덕 장군은 수나라에 맞서 ◯◯ ◯◯을 치렀어.
◯◯◯의 성주와 군사들도 당나라 군대를 크게 물리쳤지.
고구려 사람들의 모습은 ◯◯ 무덤에 남아 전해져.

정답: 주몽, 북쪽 나라, 철옹성, 정복왕, 개마 무사, 장수왕, 온달 장군, 살수 대첩, 안시성, 벽화 무덤